FOLIO CADET

Mis en couleurs par Claudine Sabatier

Supplément réalisé avec la collaboration de
Dominique Boutel et Anne Panzani

ISBN : 2-07-052939-8

Numéro d'édition : 92269
Loi n° 49-956 du 16 juillet 1949 sur les publications
destinées à la jeunesse
Dépôt légal : octobre 1999
Imprimé en Italie par Editoriale Lloyd

Le paon

MARCEL AYMÉ
ILLUSTRÉ PAR ROLAND
ET CLAUDINE SABATIER

LES CONTES
DU CHAT PERCHÉ

GALLIMARD

1793

Un jour, Delphine et Marinette dirent à leurs parents qu'elles ne voulaient plus mettre de sabots. Voilà ce qui s'était passé. Leur grande cousine Flora, qui avait presque quatorze ans et qui habitait le chef-lieu, venait de faire un séjour d'une semaine à la ferme. Comme elle avait été reçue un mois plus tôt à son certificat d'études, son père et sa mère lui avaient acheté un bracelet-montre, une bague en argent et une paire de souliers à talons hauts. Enfin, elle n'avait pas moins de trois robes rien que pour le dimanche. La première était rose avec ceinture dorée, la deuxième verte avec un bouillon de crêpe sur l'épaule, et la troisième en organdi. Flora ne sortait jamais sans mettre de gants. Elle regardait l'heure avec des ronds de bras et parlait beaucoup de toilettes, de chapeaux, de fers à friser.

Un jour donc, après le départ de Flora, les petites se poussèrent du coude pour s'encourager et Delphine dit aux parents :

— Les sabots, ce n'est pas si commode qu'on le croit. On se fait surtout mal aux pieds et, ce qui arrive aussi, c'est que l'eau entre par-dessus, tandis qu'avec des souliers, il y a moins de risque, surtout si le talon est un peu haut. Et les souliers, c'est tout de même plus joli.

— C'est comme les robes, dit Marinette. Au lieu de rester toute la semaine en tablier avec une robe de rien en dessous, il vaudrait mieux sortir de l'armoire un peu plus souvent nos robes du dimanche.

— C'est comme les cheveux, dit Delphine. Au lieu d'avoir les cheveux sur les épaules, ce serait bien plus commode de les relever. Et plus joli aussi.

Les parents respirèrent un grand coup et, après avoir un moment regardé leurs filles en fronçant les sourcils, répondirent avec une voix terrible :

— Voilà des façons de parler qui ne nous plaisent pas. Ne plus mettre vos

sabots ! Sortir de l'armoire vos robes du dimanche ! Est-ce que vous avez perdu la tête ? Vous pensez, oui, vous pensez comme on va vous donner vos souliers et vos bonnes robes pour tous les jours. Ce serait bientôt dévoré et il ne vous resterait plus rien de propre pour quand vous iriez voir l'oncle Alfred. Mais le plus fort, c'est les cheveux relevés. Des gamines de votre âge ! Ah ! si jamais vous parlez encore de cheveux relevés...

Les petites n'osèrent plus parler aux parents de cheveux, de robes, ni de souliers. Mais quand elles étaient seules, en allant à l'école ou au retour, ou sur les prés à garder les vaches, ou au bois à cueillir les fraises, elles mettaient des pierres dans leurs sabots pour avoir le talon plus haut, elles mettaient leur robe à l'envers pour se donner ainsi l'illusion d'en changer, elles nouaient leurs cheveux sur la tête avec une ficelle. Et à chaque instant, elles se demandaient :

— Est-ce que j'ai la taille assez mince ? Est-ce que je fais d'assez petits

pas ? Et mon nez, tu ne trouves pas que ces jours-ci il est un peu long ?

Et ma bouche ? Et mes dents ? Est-ce que tu crois que le rose m'irait mieux que le bleu ?

Et dans leur chambre, elles n'avaient jamais fini de se regarder dans la glace, ne rêvant plus que d'être belles et d'avoir de beaux habits. Même, il y avait à la ferme un lapin blanc qu'elles aimaient beaucoup et il

leur arrivait de rougir en pensant que le jour où on le mangerait, sa peau ferait une bien jolie fourrure.

Un après-midi, devant la ferme, assises à l'ombre d'une haie, Delphine et Marinette ourlaient des torchons. A côté d'elles et les regardant travailler, il y avait une grosse oie blanche. C'était une bête tranquille, qui aimait la conversation et les plaisirs raisonnables. Elle se faisait expliquer à quoi

sert d'ourler les torchons et comment s'y prendre.

— Il me semble que j'aimerais bien coudre, disait-elle aux petites. Ourler des torchons surtout.

— Merci, répondait Marinette, moi j'aimerais mieux coudre dans des robes. Ah ! si j'avais du tissu... par exemple, trois mètres de soie lilas... je me ferais une robe décolletée en rond avec un froncé de chaque côté.

— Moi, disait Delphine, je vois une robe rouge décolletée en pointe, avec trois rangs de boutons blancs jusqu'à la ceinture.

Tandis qu'elles parlaient ainsi, l'oie secouait la tête en murmurant :

— Tout ce que vous voudrez, mais moi j'aimerais mieux ourler des torchons.

Dans la cour, il y avait un cochon bien gras qui se promenait à petits pas. En sortant de la maison pour aller aux champs, les parents s'arrêtèrent devant lui et dirent :

— Il devient gras. Il est de plus en plus beau, ma foi.

— Vous trouvez ? dit le cochon. Je suis bien content de vous entendre dire que je suis beau. C'est ce que je pensais aussi.

Un peu gênés, les parents s'éloignèrent. En passant auprès des petites, ils leur firent compliment de leur application. Penchées sur leurs torchons, Delphine et Marinette tiraient l'aiguille sans échanger une parole, comme si rien n'eût compté pour elles que de faire des ourlets. Mais à peine les parents eurent-ils tourné le dos qu'elles se remirent à parler robes, cha-

peaux, souliers vernis, ondulations, montres en or, et l'aiguille courait moins vite dans la toile. Elles jouaient aux dames en visite, et Marinette, en pinçant la bouche, demandait à Delphine :

— Chère Madame, où donc avez-vous fait faire ce joli tailleur ?

L'oie ne comprenait pas bien. Un peu étourdie par ces bavardages, elle commençait à sommeiller quand arriva du fond de la cour un coq désœuvré qui se planta devant elle et dit en la regardant d'un air apitoyé :

— Je ne voudrais pas te faire de la peine, mais tu as quand même un drôle de cou.

— Un drôle de cou ? fit l'oie. Pourquoi un drôle de cou ?

— Cette question ! Mais parce qu'il est trop long ! Regarde le mien...

L'oie considéra un moment le coq et répondit en hochant la tête :

— Eh bien ! je vois que tu as le cou beaucoup trop court. Je dirais même que c'est loin d'être joli.

— Trop court ! s'écria le coq. Voilà que maintenant c'est moi qui ai le cou trop court ! En tout cas, il est plus beau que le tien.

— Je ne trouve pas, dit l'oie. Du reste, ce n'est pas la peine de discuter. Tu as le cou trop court et un point c'est tout.

Si les petites n'avaient pas été aussi occupées de robes et de coiffures, elles se seraient avisées que le coq était très vexé et auraient essayé d'arranger les

choses. Il se mit à ricaner et dit avec un air insolent :

— Tu as raison. Ce n'est pas la peine de discuter. Mais sans parler du cou, je suis mieux que toi. J'ai des plumes bleues, des plumes noires et même des jaunes. Surtout j'ai un très beau panache, tandis que toi, je trouve que tu finis drôlement.

— J'ai beau te regarder, riposta l'oie, je vois un petit tas de plumes ébouriffées qui ne sont guère plaisantes. C'est comme cette crête rouge que tu as sur la tête, tu n'imagines pas, pour quelqu'un d'un peu délicat, combien c'est écœurant.

Alors, le coq devint furieux. Il fit un

saut qui le porta tout contre l'oie et cria de toute sa voix :

— Vieille imbécile ! Je suis plus beau que toi ! Tu entends ! Plus beau que toi !

— Ce n'est pas vrai ! Espèce de brimborion ! C'est moi la plus belle !

Au tapage, les petites avaient laissé leur conversation sur les robes et se préparaient à intervenir, mais le cochon, qui avait entendu les cris, traversa la cour au galop et, s'arrêtant auprès du coq et de l'oie, leur dit tout essoufflé :

— Qu'est-ce qui vous prend ? Est-

ce que vous avez perdu la tête, tous les deux ? Voyons, mais le plus beau, c'est moi !

Les petites et même le coq et l'oie éclatèrent de rire.

— Je ne vois pas ce qui vous fait rire, dit le cochon. En tout cas, pour ce qui est de savoir lequel est le plus beau, vous voilà d'accord.

— C'est une plaisanterie, dit l'oie.

— Mon pauvre cochon, fit le coq, si tu pouvais voir combien tu es laid !

Le cochon regarda le coq et l'oie avec un air peiné et soupira :

— Je comprends... oui, je comprends. Vous êtes jaloux, tous les deux. Et pourtant, est-ce qu'on a jamais rien vu de plus beau que moi ? Tenez, les parents me le disaient encore tout à l'heure. Allons, soyez sincères. Dites-le, que je suis le plus beau.

Pendant la dispute, un paon apparut au coin de la haie et chacun fit silence. Son corps était bleu, son aile mordorée, et sa longue traîne verte était parsemée de taches bleues cernées par un anneau de rouille. Il portait une huppe sur la tête et marchait d'un pas fier. Il eut un rire élégant et, se tournant de côté pour se faire admirer, dit en s'adressant aux deux petites :

— Depuis le coin de la haie, j'ai assisté à leur querelle et je ne vous cacherai pas que je me suis follement amusé. Ah ! oui, follement...

Ici, le paon s'interrompit pour rire discrètement et reprit :

— Grave question de savoir quel est le plus beau de ces trois personna-

ges. Voilà un cochon qui n'est pas mal avec sa peau rose et tendue. J'aime bien le coq aussi avec cette espèce de moignon qu'il a sur la tête et ces plumes qui l'habillent comme un hérisson. Et quelle grâce aisée dans le maintien de notre bonne oie, et quelle dignité dans le port de la tête... Ah ! laissez-moi rire encore... Mais soyons sérieux. Dites-moi, jeunes filles, ne pensez-vous pas qu'il vaudrait mieux, quand on est si loin de la perfection, ne pas trop parler de beauté ?

Les petites rougirent pour le cochon, pour le coq et pour l'oie, et un peu pour elles aussi. Mais flattées de ce qu'il les eût appelées « jeunes filles », elles n'osèrent pas reprocher au paon son impolitesse.

— D'un autre côté, poursuivit le visiteur, je sais bien qu'on est un peu excusable quand on ne sait pas ce qu'est la vraie beauté...

Le paon tourna lentement sur lui-même en prenant des poses, pour que chacun pût le voir tout à son aise. Le cochon et le coq, muets d'admiration, le regardaient avec des yeux ronds. Mais l'oie ne paraissait pas trop surprise. Elle fit observer tranquillement :

— C'est entendu, vous n'êtes pas mal, mais on en a déjà bien vu autant.

Moi, qui vous parle, j'ai connu un canard qui avait un plumage aussi beau que le vôtre. Et il ne faisait pas ces embarras. Vous me direz qu'il n'avait pas comme vous une longue traîne à balayer la poussière ni cette huppe sur la tête. Si vous voulez. Mais je peux vous assurer qu'elles ne lui manquaient pas non plus. Il vivait très bien sans ça. Du reste, vous ne me ferez pas croire que tous ces ornements sont bien convenables. Me voyez-vous, moi, avec un pinceau sur la tête et un mètre de plume par-derrière ? Mais non, mais non. Ce n'est pas sérieux.

Pendant qu'elle parlait ainsi, le paon étouffait à peine un bâillement d'ennui et quand elle eut fini, il ne prit pas la peine de répondre. Déjà le coq reprenait de l'aplomb et ne craignait pas de comparer son plumage au sien.

Il se tut d'un coup et le souffle même lui manqua une minute. Le paon venait de déployer les longues plumes de sa traîne qui s'arrondissait autour de lui comme un large éventail. L'oie elle-même en fut éblouie et ne put retenir un cri d'admiration. Emerveillé, le

cochon fit un pas en avant pour voir les plumes de plus près, mais le paon fit un saut en arrière.

— S'il vous plaît, dit-il, ne m'approchez pas. Je suis une bête de luxe. Je n'ai pas l'habitude de me frotter à n'importe qui.

— Je vous demande pardon, balbutia le cochon.

— Mais non, c'est moi qui m'excuse de vous dire les choses aussi simplement. Voyez-vous, quand on veut être beau comme je le suis, il faut en prendre la peine. C'est presque aussi difficile de le rester que de le devenir.

— Comment ? s'étonna le cochon. Est-ce que vous n'avez pas toujours été beau ?

— Oh ! non. Quand je suis venu au monde, je n'avais qu'un maigre duvet sur la peau et rien ne permettait d'espérer qu'il en serait un jour autrement. Ce n'est que peu à peu que je me suis transformé jusqu'au point d'être où vous me voyez à présent, et il m'a fallu des soins. Je ne pouvais rien faire sans que ma mère me reprenne aussitôt : « Ne mange pas de vers de terre, ça empêche la huppe de pousser. Ne saute pas à cloche-pied, tu auras la

traîne de travers. Ne mange pas trop. Ne bois pas pendant les repas. Ne marche pas dans les flaques... » C'était sans fin. Et je n'avais pas le droit de fréquenter les poulets ni les autres espèces du château. Car vous savez que j'habite ce château qu'on aperçoit là-bas. Oh ! ce n'était pas souvent bien gai. En dehors des promenades que je faisais en compagnie de la châtelaine pour faire pendant à son lévrier, j'étais toujours seul. Et encore, si j'avais l'air de m'amuser ou de penser à quelque chose de drôle, ma mère me criait avec désespoir : « Petit malheureux, ne vois-tu pas qu'à rire ainsi et à t'amu-

ser, tu as déjà dans la démarche et dans la huppe et dans la traîne un air de vulgarité ? » Oui, voilà ce qu'elle me disait. Oh ! la vie n'était pas drôle. Et même maintenant, vous ne me croirez peut-être pas, mais je suis encore un régime. Pour ne pas m'alourdir ni perdre l'éclat de mes couleurs, je suis obligé de me rationner au plus juste et de faire de la gymnastique, du sport... Et je ne parle pas des longues heures que je passe à ma toilette.

Sur la prière du cochon, le paon se mit à énumérer par le détail tout ce qu'il faut faire pour être beau et quand

il eut parlé une demi-heure, il n'en avait pas seulement dit la moitié. Cependant, d'autres bêtes arrivaient à chaque instant et faisaient cercle autour de lui. Vinrent d'abord les bœufs, puis les moutons, ensuite les vaches, le chat, les poulets, l'âne, le cheval, le canard, un jeune veau, et jusqu'à une petite souris qui se glissa entre les sabots du cheval. Tout le monde se bousculait pour mieux voir et mieux entendre.

— Ne poussez pas ! criait le veau ou l'âne ou le mouton ou n'importe qui. Ne poussez pas. Silence. Ne me marchez donc pas sur les pieds... Les plus grands derrière. Allons, desserrez-vous... Silence, on vous dit... Et si je vous flanquais une correction...

— Chut ! faisait le paon, calmons-nous un peu... Je reprends : le matin au réveil, manger un pépin de pomme reinette et boire une gorgée d'eau claire... Vous m'avez bien compris, n'est-ce pas ?

— Manger un pépin de pomme reinette et boire une gorgée d'eau claire...

disaient en chœur toutes les bêtes de la ferme.

Delphine et Marinette n'osaient pas répéter avec elles, mais jamais à l'école elles n'avaient été aussi attentives qu'elles le furent aux leçons du paon.

Le lendemain matin, les parents furent bien étonnés. Leur surprise commença à l'écurie, tandis qu'ils se préparaient à garnir les mangeoires et les râteliers, comme ils le faisaient tous les jours. Le cheval et les bœufs leur dirent avec un peu d'impatience :

— Laissez, laissez, ce n'est pas la peine. Si vous voulez vous rendre utiles, donnez-nous plutôt un pépin de pomme reinette et une gorgée d'eau claire.

— Qu'est-ce que vous dites ? Un pépin de... de...

— De pomme reinette, oui. Nous ne prendrons rien d'autre jusqu'à l'heure du midi, et ce sera ainsi tous les jours.

— Vous pouvez y compter, dirent les parents. Ma foi oui, vous pouvez compter qu'on va vous donner un pépin de pomme reinette. C'est une nourriture qui doit tenir au ventre ! Une nourriture faite pour des bêtes de somme ! Mais assez causé. Voilà le foin, voilà l'avoine et les betteraves. Vous allez nous faire le plaisir de manger. Et point de simagrées.

Quittant l'écurie, les parents s'en allèrent dans la cour donner la pâtée aux poules et à toute la volaille. C'était une excellente pâtée, mais nul ne voulut seulement y goûter.

— Ce qu'il nous faut, dit le coq aux parents, c'est un pépin de pomme reinette et une gorgée d'eau claire. Nous ne voulons rien de plus.

— Encore ce pépin ! Mais qu'est-ce qu'ils ont donc tous à vouloir se nourrir de pépins ? Allons, coq, explique.

— Dites-moi, les parents, demanda le coq, est-ce que vous n'aimeriez pas me voir me pavaner dans la cour avec une huppe sur la tête et, dressé tout autour de moi, un grand éventail de longues plumes de toutes les couleurs ?

— Non, dirent les parents de mauvaise humeur. Parle-nous d'un coq au

vin. Voilà ce que nous aimons et le plumage n'y ajoute rien.

Le coq tourna le dos et dit tout haut en s'adressant aux autres volailles :

— Vous voyez comme ils nous répondent quand on leur parle gentiment.

Les parents s'éloignèrent, et du même pas, s'en furent auprès du cochon lui porter sa nourriture. Mais sitôt qu'il eut senti l'odeur des pommes de terre écrasées, il cria depuis la soue :

— Remportez-moi vite cette pâtée ! Ce qu'il me faut, c'est un pépin de pomme reinette avec une gorgée d'eau claire !

— Toi aussi ? dirent les parents. Mais pourquoi ?

— Mais parce que je veux être beau et si fin, si brillant, que sur mon passage les gens s'arrêtent et se retournent en s'écriant : « Ah ! qu'il est joli et qu'on aimerait être ce merveilleux cochon qui passe. »

— Mon Dieu, cochon, dirent les parents, il est naturel que tu penses à être beau. Mais pourquoi, justement, ne pas faire ce qu'il faut pour le rester ? Est-ce que tu ne comprends pas

qu'être beau, c'est d'abord être gras ?

— A d'autres, fit le cochon. Mais répondez-moi. Oui ou non, voulez-vous me donner un pépin de pomme reinette et une gorgée d'eau claire ?

— Pourquoi pas ? Nous allons y réfléchir et dans quelque temps...

— Ce n'est pas dans quelque temps, c'est tout de suite. Et ce n'est pas tout. Il faudra aussi m'emmener promener tous les matins. Et il faudra me faire faire du sport et surveiller ma nourriture, mon sommeil, mes fréquentations, ma façon de marcher... enfin, tout...

— Entendu. Quand tu auras pris encore une dizaine de kilos, nous commencerons. En attendant, mange ta pâtée.

Après avoir empli l'auge du cochon, les parents gagnèrent la cuisine et là trouvèrent Delphine et Marinette prêtes à partir pour l'école.

— Vous partez déjà ? Tiens, mais... mais vous n'avez pas déjeuné ?

Les petites devinrent toutes rouges et Delphine répondit avec embarras :

— Non, pas faim... trop mangé peut-être hier soir...

— L'air nous fera du bien, ajouta Marinette.

— Hum ! firent les parents. Voilà qui est singulier. Enfin, c'est bon...

Et quand les petites furent déjà très loin sur le chemin de l'école, ils avisèrent sur la table de la cuisine deux moitiés d'une pomme reinette à laquelle on avait ôté deux pépins.

Les bêtes de l'écurie ne purent s'accommoder bien longtemps du régime recommandé par le paon. Un pépin de pomme dans l'estomac d'un bœuf ou d'un cheval est à peu près comme rien.

Renonçant à être beau, chacun revint à sa nourriture habituelle et dès le matin du deuxième jour. Il y eut plus de constance chez les bêtes de la basse-cour et quelque temps on put croire qu'elles étaient faites à ce nouveau genre de vie. Toute cette volaille était si coquette qu'elle oublia ses crampes d'estomac pendant plusieurs jours. Les poules, les poulets, le coq, le canard, l'oie elle-même, ne parlaient plus que de leur port de tête, de leur démarche et de la couleur de leurs plumes, au point que plusieurs d'entre les plus jeunes devinrent toutes rêveuses, se plaignant de n'avoir pas la vie convenable à des personnes d'une aussi grande beauté. A les entendre ainsi divaguer, l'oie se reprit tout d'un coup et déclara que ces repas de carême auxquels on s'astreignait n'avaient pas de résultat plus clair que de

brouiller la cervelle à quelques pécores en attendant que la basse-cour tout entière en perdît la tête. Quant à la beauté qu'on y avait gagnée, elle voyait surtout des yeux battus, des plumes fatiguées, des cous décharnés, des jabots raplatis. Il y eut plusieurs volailles raisonnables qui l'entendirent tout de suite. D'autres mirent un peu plus longtemps. Le coq demeura ferme partisan du régime pépin et avec lui un groupe de poulets qui admiraient beaucoup ses manières. Ils le demeurèrent ensemble jusqu'au jour où, s'étant évanoui dans la cour tant il avait faim, le coq entendit la voix des parents qui parlaient ainsi : « Dépêchons-nous de le saigner pour qu'il soit encore bon à manger », dont il eut si grande peur qu'il se leva tout d'un bond et partit du même pour aller manger grains et pâtée, et en mangea tant, pauvre coq, ce jour-là et les suivants, qu'il eut plusieurs fois des indigestions et les poulets aussi.

Passé quinze jours, le cochon resta seul de tous les animaux à suivre le régime. Dans toute une journée, il mangeait à peine de quoi nourrir un poulet en bas âge, ce qui ne l'empêchait pas de faire de longues promenades à pied, de la gymnastique et du sport en toutes manières. En une semaine, il avait perdu trente livres. Les autres bêtes le pressaient de se remettre à une nourriture plus abondante, mais c'était comme s'il n'entendait pas, ne faisant que leur demander : « Comment me trouvez-vous ? » A quoi répondaient les bêtes toutes navrées :

— Bien maigre, mon pauvre cochon. Ta peau fait des plis, des rides et des poches, que c'est une pitié.

— Allons, tant mieux, disait le cochon. Mais je n'ai pas fini de vous étonner.

Il clignait de l'œil et demandait en baissant la voix :

— A propos ! faites-moi donc le plaisir de regarder sur le dessus de ma tête... Vous avez vu ?

— Quoi donc ?

— Quelque chose qui pousse... comme une huppe.

— Mais non, il n'y a rien du tout...

— Tiens, c'est drôle, faisait le cochon. Et ma traîne ? La voyez-vous ?

— Sans doute veux-tu parler de ta queue ? Alors, il s'agit bien de traîne ! Plus que jamais elle est en forme de tire-bouchon.

— Tiens, c'est drôle. Peut-être que je ne fais pas assez de sport... ou bien que je mange encore trop... Je vais me surveiller, soyez tranquilles.

Le voyant encore plus maigre de jour en jour, Delphine et Marinette n'avaient presque plus envie d'être belles. Du moins entendaient-elles ne pas trop jeûner. Le régime du paon, qu'elles avaient d'abord voulu suivre en cachette des parents, ne les tentait plus guère. Enfin, les conseils de l'oie firent beaucoup pour les en détourner. Lorsqu'elle entendait les petites parler de leur taille et des grammes qu'elles espéraient perdre, elle leur répétait :

— Voyez dans quel état s'est mis notre malheureux cochon pour n'avoir pas mangé à son appétit. Voulez-vous comme lui avoir de la peau qui pende et de pauvres crayons flageolants en place de vos bonnes jambes ? Non, croyez-moi, tout ça n'est pas raisonnable. Et tenez, moi qui suis assez bien faite de ma personne et très joliment emplumée, je peux bien vous le dire : la beauté ne remplit pas la vie et il vaut mieux pour vous savoir ourler des torchons que d'avoir sur le dos des grandes plumes de toutes les couleurs.

— Bien sûr, répondaient les petites, c'est vous qui avez raison.

Un jour le cochon, après un exercice de gymnastique, se reposait auprès du puits et comme il demandait au chat qui ronronnait sur la margelle s'il voyait pousser sa huppe, celui-ci eut pitié et feignant d'y regarder de tout près, répondit :

— En effet, il me semble apercevoir

quelque chose. Ce n'est bien sûr qu'un début, mais on dirait une promesse de huppe.

— Enfin ! cria le cochon. La voilà qui pousse ! On l'aperçoit déjà ! Je suis heureux... Et ma traîne, chat, la vois-tu aussi ?

— Ta traîne ! Mon Dieu... je dois dire...

— Comment ! Comment !

Et le cochon parut si bouleversé que le chat se reprit aussitôt :

— A la vérité, ce n'est pas encore une traîne, mais c'est déjà un très joli balai qui n'a pas fini de pousser.

— Bien sûr, il faut qu'elle grandisse encore, convint le cochon.

— Oui, oui, approuva le chat. Mais elle ne grandira que si tu manges beaucoup. Et pour la huppe, c'est la même chose. Le régime du paon, c'était excellent pour tout mettre en train, mais maintenant que la huppe et la traîne sont sorties, il s'agit de les alimenter.

— C'est pourtant vrai, fit le cochon. Je n'y avais pas pensé.

Et aussitôt il courut à son auge où il mangea tant qu'il y en eut et après s'en alla auprès des parents pour en avoir encore.

Quand il fut enfin rassasié, il se mit à gambader par la cour en criant à tue-tête :

— J'ai une huppe ! J'ai une traîne ! J'ai une huppe ! J'ai une traîne !

Les bêtes de la ferme essayaient de le détromper, mais il les accusait d'êtres jalouses ou d'avoir les yeux dans leurs poches. Le lendemain, il eut une longue discussion avec le coq et

celui-ci, lassé par son entêtement, abandonna la partie en soupirant :

— Il est fou... il est complètement fou...

Les témoins, qui étaient nombreux, éclatèrent d'un grand rire dont le cochon se trouva tout décontenancé. Durant plus d'une heure, une couvée de poussins s'attacha à ses pas en piaillant :

— Il est fou ! Au fou !... Il est fou !...

Et les autres volailles ne se tenaient pas de ricaner et d'avoir des mots désobligeants quand il passait devant elles. Dès lors, le cochon s'abstint de parler à personne de sa huppe ou de sa traîne. Quand il traversait la cour, il

allait toujours la tête en arrière, tellement rengorgé qu'on se demandait s'il n'avait pas avalé un os qui lui fût resté en travers du gosier, et si quelqu'un venait à passer derrière lui, même à bonne distance, il faisait vivement un saut en avant, comme s'il eût craint qu'on lui marchât sur la queue. L'oie le montrait alors aux deux petites, leur disant :

— Vous voyez ce qui arrive quand on est trop occupé de sa beauté. On devient fou comme le cochon.

Les petites, en l'entendant parler ainsi, plaignaient leur pauvre cousine Flora qui devait avoir perdu la tête depuis longtemps. Pourtant, Mari-

nette, qui était un peu plus blonde que sa sœur, ne pouvait pas s'empêcher d'admirer le cochon.

Un matin de soleil, le cochon partit pour une longue promenade dans la campagne. Au retour, le temps se couvrit et il y eut de grands éclairs au-dessus de lui, de quoi il ne fut pas surpris, pensant apercevoir sa huppe balancée sur sa tête par le vent. Il trouva toutefois qu'elle avait beaucoup grandi et qu'elle était maintenant aussi importante qu'on pouvait le souhaiter. Cependant, la pluie se mit à tomber très serré et il se réfugia un moment sous un arbre en prenant garde à baisser la tête pour ne pas abîmer sa huppe.

Le vent s'étant apaisé et la pluie tombant moins serré, le cochon se remit en marche. Lorsque la ferme fut en vue, à peine tombait-il encore quelques gouttes et le soleil passait déjà entre les nuages. Delphine et Marinette sortaient de la cuisine en même temps que leurs parents, et la volaille quittait la remise où elle avait trouvé abri. Au moment où le cochon allait entrer dans la cour, les petites pointèrent le doigt dans sa direction en criant :

— Un arc-en-ciel ! Ah ! qu'il est beau !

Le cochon tourna la tête et à son tour poussa un cri. Derrière lui, il apercevait sa traîne déployée en un immense éventail.

— Regardez ! dit-il. Je fais la roue !

Delphine et Marinette échangèrent un regard attristé, tandis que les bêtes de la basse-cour parlaient entre elles à voix basse en hochant la tête.

— Allons, assez de comédie, firent les parents. Rentre dans ta soue. Il est l'heure.

— Rentrer ? dit le cochon. Vous voyez bien que je ne peux pas. Ma roue est trop large pour que je puisse pénétrer seulement dans la cour. Elle ne passera jamais entre ces deux arbres.

Les parents eurent un mouvement d'impatience. Ils parlaient déjà de prendre une trique, mais les petites s'approchèrent du cochon et lui dirent avec amitié :

— Tu n'as qu'à refermer tes plumes. Ta traîne passera facilement.

— Tiens, c'est vrai, fit le cochon. Je n'y aurais pas pensé. Vous comprenez, le manque d'habitude...

Il fit un grand effort qui lui creusa l'échine. Derrière lui, l'arc-en-ciel fondit tout d'un coup et se déposa sur sa peau en couleurs si tendres, et si vives aussi, que les plumes du paon eussent été comme une grisaille.

Né à Joigny, dans l'Yonne, en 1902, **Marcel Aymé** a passé sa jeunesse à Villiers-Robert, région de forêts, d'étangs et de prés. En 1925, il vient à Paris, où il exerce divers métiers : journaliste, manœuvre, camelot, figurant de cinéma – avant de publier son premier roman : *Brûlebois*. Son œuvre, qui comprend plus de trente romans, des pièces de théâtre, de nombreux contes et nouvelles, est un regard sur le monde dans lequel le merveilleux se mêle au quotidien. Marcel Aymé est mort en 1967.

Roland Sabatier a dessiné Delphine, Marinette et tout l'univers de Marcel Aymé. **Claudine**, sa femme, en a réalisé les couleurs. Roland a étudié l'architecture à Paris. Il a publié ses premiers dessins en 1969 et a illustré de nombreux livres pour la jeunesse. Claudine a été professeur de dessin et a illustré des ouvrages scolaires. Tous deux ont une passion : les champignons.

Le paon

Supplément illustré

Test

Es-tu coquet comme le cochon de l'histoire ? Pour le savoir, choisis pour chaque question la solution que tu préfères et reporte-toi à la page des solutions. *(Réponses page 70)*

1 Tu vas chez le coiffeur :

■ car on t'y oblige
▲ avec plaisir
● lorsque c'est nécessaire

2 Pour l'anniversaire d'un ami :

▲ tu choisis tes vêtements avec soin
● tu laisses ta maman te les préparer
■ tu restes comme tu es

3 Pour l'achat de tes vêtements :

■ tu laisses ta maman choisir
▲ tu adores te rendre dans les boutiques
● tu choisis sur un catalogue

4 Tu ne mettrais jamais :

■ un gros pull en plein été
● des rayures avec des carreaux
▲ du rose avec du rouge

5 En partant à l'école, tu t'aperçois que tes chaussures ne sont pas cirées :

● tu mets des baskets

▲ tu les cires

■ tu les mets tout de même

6 On te félicite pour ton élégance :

● cela te fait rire

■ tu trouves la remarque bizarre

▲ tu rougis de plaisir

7 Peux-tu dire comment tu étais habillé hier ?

■ non

▲ oui

● tu avais gym, donc tu étais en jogging

8 Quand tu es dans la salle de bains :

▲ tu ne veux pas en sortir

■ tu te laves le bout du nez et tu ressors vite

● tu fais ta toilette

9 Dans ton sac de piscine, tu n'oublies pas :

▲ ton peigne et ta brosse

■ une barre de chocolat

● du shampooing-douche

10 Que penses-tu de la mode ?

▲ c'est important

● c'est pour les grands

■ c'est inutile

Informations

Grain de folie ou grain de beauté ?

Depuis la visite de leur cousine Flora, Delphine et Marinette ne rêvent que d'être belles. Le souci de la beauté a toujours existé mais les canons esthétiques ont bien souvent changé selon les époques et les pays.

■ L'art du maquillage

L'Égypte ancienne a porté l'art du maquillage à un point de raffinement extrême. Les épouses des pharaons cernaient leurs yeux d'un trait noir ou vert et avivaient leurs pommettes d'une touche de couleur. Elles se blanchissaient aussi la peau afin de mieux faire ressortir le maquillage. La mode de la peau bronzée est très récente. Depuis les Égyptiens jusqu'au siècle dernier, les femmes cherchaient à avoir une peau claire, un teint de lait. Pour conserver à la peau sa blancheur, elles se protégeaient du soleil à l'aide de voile et, plus tard, d'ombrelle. Les Grecques ont beaucoup appris des Égyptiennes.

Au temps d'Ulysse, elles utilisaient surtout des huiles parfumées. Le maquillage, très épais, ressemblait à un masque et ne se portait pas tous les jours. Les Romaines soignaient leur chevelure. La couleur blonde était très à la mode et les brunes devaient utiliser des teintures souvent très destructrices. La blondeur était également très prisée au Moyen Age. A cette époque, le maquillage, en revanche, n'était plus à l'honneur. Le visage devait être lisse, le teint pâle et les sourcils épilés. Tout l'art de la beauté résidait alors dans le costume.

■ L'art du costume

Cette importance du costume marquera dès lors les siècles qui vont suivre. Ce sont les princesses et les reines qui décideront de la mode. Elles pourront commander les meilleures étoffes et acquérir les plus beaux bijoux, faire travailler les artisans

les plus habiles et posséder une garde robe si bien fournie qu'elles n'auront pas le temps de porter tous leurs vêtements.

■ Les canons de la beauté

Il y a des modes pour la beauté. Au XVIe siècle, par exemple, la mode voulait que les femmes aient des formes. Au XIXe siècle, à l'inverse, les héroïnes romantiques avaient la taille svelte. Ainsi, d'un siècle à l'autre, l'image de la beauté féminine peut-elle totalement changer. Celle d'autres pays auraient de quoi te surprendre aussi. Sais-tu qu'au Japon, une femme, pour être belle, devait s'enduire les dents d'une mixture noire, une préparation faite à base d'alcool et de plantes.

■ Coquettes et dandys

Les femmes ne sont pas seules à jouer les coquettes. Au siècle de Louis XVI, les hommes portaient des perruques poudrées. Quant aux dandys du XIXe siècle, ils multipliaient les effets de barbe, moustache et rouflaquettes.
De nos jours, beaucoup d'hommes utilisent des produits de beauté et la mode masculine n'a rien à envier à celle des femmes.

■ Il faut souffrir pour être belle

Au cours des siècles, certains accessoires de mode faisaient plutôt penser à des instruments de torture ! Ainsi, les corsets, ces chemises garnies de lames de bois ou de fer, se portaient si serrés que les dames, certes heureuses de contempler leur taille fine, avaient souvent bien du mal à respirer. Certaines chaussures comprimaient également si fort les pieds que la marche devenait douloureuse.

■ La beauté rend-elle fou ou malheureux ?

Dans les contes traditionnels, les héroïnes sont souvent très belles. Mais cette beauté leur complique parfois la vie. Souviens-toi de Blanche Neige, Cendrillon et Peau d'Ane. Comme la marâtre de Blanche Neige, le cochon de notre histoire devient fou à cause de son désir d'être beau. S'il avait eu un miroir, il l'aurait interrogé. Mais « la beauté ne remplit pas la vie » !

Jeux

Connais-tu le paon ?

Si l'on reconnaît le paon à son plumage, attendant parfois impatiemment qu'il fasse la roue, le connaît-on vraiment ? Tu en apprendras davantage sur ce superbe animal en entourant la lettre placée à côté de chaque réponse que tu auras choisie. Tu formeras alors le nom de l'ordre d'oiseaux auquel appartient le paon.

(Réponses page 71)

	VRAI	FAUX
1. La femelle du paon s'appelle la paonne et le petit le paonneau......................................	G	F
2. La femelle du paon est aussi belle que le mâle...........................	O	A
3. Le paon fait la roue pour faire la cour à la femelle.........................	L	D
4. C'est vers trois ans que la traîne atteint sa taille définitive....	L	B
5. Le paon ne mange que des graines..	A	I
6. Le paon s'occupe beaucoup de ses petits.......................................	N	W
7. La chair du paon était très appréciée au Moyen Age.............	A	E
8. Le paon vient d'Asie.................	C	D
9. Le paon aime vivre seul...........	I	E

1	2	3	4	5	6	7	8	9

Tous en chœur !

Les animaux répètent tous ensemble le régime prescrit par le paon. Sauras-tu reconnaître le cri de chacun ?

(Réponses page 71)

A. le paon
B. la vache
C. le mouton
D. le coq
E. la poule
F. le canard
G. le cochon
H. l'oie
I. l'âne
J. le chat

1. brailler
2. caqueter
3. miauler
4. grogner
5. braire
6. meugler
7. cancanner
8. cacarder
9. chanter
10. bêler

■ Le paon fait la roue

Part du mot **PAON** et va jusqu'au mot **ROUE** en te servant à chaque fois des lettres du mot précédent que tu auras trouvé en réponse aux définitions. Tu n'as le droit de changer qu'une lettre à chaque nouveau mot.

(Réponses page 71)

PAON

1. Permet de traverser une rivière............ P O N T
2. Une bonne vaut mieux qu'une mauvaise.. _ _ _ _
3. Petite montagne................................... _ _ _ _
4. Il ne vit plus... _ _ _ _
5. Capitale de l'Italie............................... _ _ _ _

ROUE

■ Les questions de l'oie

Tous les animaux de la ferme se sont laissé emporter par le vent de folie qui souffle depuis le passage de la cousine Flora. L'oie, néanmoins, ne se soucie guère de telles simagrées et semble une des rares à garder la tête froide. Aussi, c'est elle qui a préparé ce questionnaire. Entoure le sigle qui correspond à la bonne réponse et reporte-toi à la lettre qui lui équivaut dans la grille ci-contre. Ainsi, tu trouveras un mot qui plaît beaucoup au paon quand on parle de lui !

(Réponses page 71)

	VRAI	FAUX
1. La cousine Flora a passé une semaine chez Delphine et Marinette....................................	❤	✍
2. Delphine et Marinette mettent leur robe à l'envers pour ne pas la salir..	❤	■
3. L'oie commence la querelle avec le coq....................	✂	✌
4. L'oie trouve les ornements du paon un peu ridicules......	▲	■

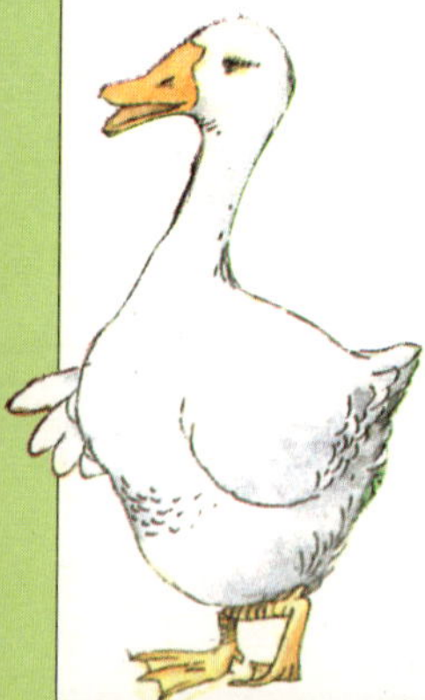

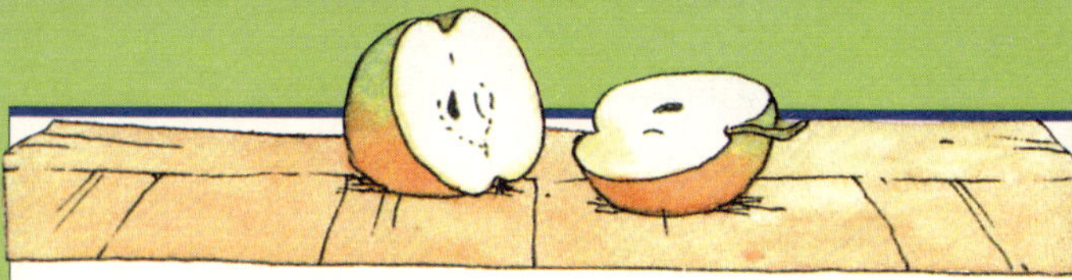

	VRAI	FAUX
5. Le paon était déjà très beau à la naissance................................	✌	✂
6. Le paon habite dans un château...	❤	✍
7. Le paon ne mène pas une vie très gaie..	❄	✍
8. Le coq abandonne le régime dès le lendemain............................	❤	▲
9. Après quinze jours, le cochon est le seul à continuer le régime...........	✍	✌
10. Le cochon croit réellement qu'il a une traîne............................	●	■

✌	✂	✍	▲	●	■	❤	❄
M	R	O	I	N	D	A	T

Réponses

pages 58 et 59

Compte les ▲, les ● et les ■ que tu as obtenus.

- Si tu as plus de ▲, ne ressemblerais-tu pas au cochon de l'histoire ? Ton allure, tes vêtements te préoccupent beaucoup. Tu attaches une grande importance à ton aspect extérieur et tu as sans doute très bon goût. Fais cependant bien attention à rester raisonnable dans ce domaine, tu as vu ce qu'il arrivait au cochon.

- Si tu as plus de ●, ton attitude semble modérée, équilibrée et raisonnable. Tu aimes être soigné mais tu as beaucoup d'autres centres d'intérêt. Pour toi, le confort est essentiel, tu aimes être à l'aise dans tes vêtements. Tu ressemblerais plutôt, dans cette histoire, à Delphine et à Marinette.

- Si tu as plus de ■, on peut tout de suite répondre non à la question. Non ! Tu n'es pas du tout coquet. Tu ne t'intéresses pas du tout à la mode et tu ne vois pas la différence entre plusieurs modèles de vêtements. Tu dois être vraiment facile à habiller !

pages 64 et 65

Connais-tu le paon ? **1.** *Vrai* - **2.** *Faux* - **3.** *Vrai* - **4.** *Vrai* - **5.** *Faux* - **6.** *Vrai* - **7.** *Vrai* - **8.** *Vrai* - **9.** *Faux. Le mot à trouver est* GALLINACÉ.

page 66

Tous en chœur ! **A.** *1* - **B.** *6* - **C.** *10* - **D.** *9* - **E.** *2* - **F.** *7* - **G.** *4* - **H.** *8* - **I.** *5* - **J.** *3.*

page 67

Le paon fait la roue : **1.** *Pont* - **2.** *Note* - **3.** *Mont* - **4.** *Mort* - **5.** *Rome.*

pages 68 et 69

Les questions de l'oie : **1.** *Vrai* - **2.** *Faux : Delphine et Marinette mettent leur robe à l'envers pour se donner l'illusion d'en changer* - **3.** *Faux : c'est le coq qui commence la querelle en se moquant du cou de l'oie* - **4.** *Vrai* - **5.** *Faux : à la naissance, le paon n'avait qu'un maigre duvet sur la peau* - **6.** *Vrai* - **7.** *Vrai* - **8.** *Faux : le coq oublia ses crampes d'estomac pendant plusieurs jours* - **9.** *Vrai* - **10.** *Vrai.*
Le mot à trouver est ADMIRATION.

Si tu as aimé ce livre, voici d'autres titres de la collection **FOLIO CADET** adaptés à ton âge

Allan Ahlberg/Janet Ahlberg Qui a volé les tartes?
Andersen/Georges Lemoine La petite fille aux allumettes
Marcel Aymé/ R. et C. Sabatier L'âne et le cheval - Les boîtes de peinture - Les bœufs - Le canard et la panthère - Le cerf et le chien - Le chien - Les cygnes - L'éléphant - Le loup - Le mauvais jars - Le mouton - Le paon - La patte du chat -Le problème - Les vaches
Quentin Blake Danse, danse!
Jeff Brown/Tony Ross Clément aplati
Jean Claverie Little Lou
Roald Dahl/Quentin Blake Un amour de tortue
Roald Dahl/Patrick Benson Les minuscules
Roald Dahl/Henri Galeron Le doigt magique
Paula Danziger/Tony Ross Lili Graffiti - Les vacances de Lili Graffiti - La rentrée de Lili Graffiti - Courage, Lili Graffiti! - Un nouvel ami pour Lili Graffiti - Lili Graffiti voit rouge
Dan Greenburg/ Jack E. Davis Zack et le chat infernal - Zack voit double - Un fantôme nommé Wanda - Au secours, je lis dans les pensées! - Une dent contre le Dr. Jekyll - Le voyage astral de Zack
Hanna Johansen/Käthi Bhend Il était une fois deux oursons
Dick King-Smith/David Parkins Le chat de Sophie - Une surprise pour Sophie
Dick King-Smith/Michel Gay L'escargot de Sophie
Dick King-Smith/Judy Brown Mon petit frère est un génie
Colin Mc Naughton Jolly Roger et les pirates de l'écu d'or
Susie Morgenstern Oukélé la télé?
Pef Les belles lisses poires de France - Dictionnaire des mots tordus - L'ivre de français - Leçons de géoravie - Le livre des nattes - Silence naturel: tout sur le cor humain - Motordu a pâle au ventre - Motordu as a la télé - Motordu au pas, au trot, au gras dos - Motordu champignon olympique - Motordu est le frère Noël - Motordu et le fantôme du chapeau - Motordu et les petits hommes vers - Motordu et son père hoquet - Motordu sur la botte d'azur - Réponses bêtes à des questions idiotes
Charles Perrault/Jean Claverie La Barbe-Bleue
Sylvia Plath/Rotraut Susanne Berner Ça-ne-fait-rien!
Jacques Prévert/Elsa Henriquez Contes pour enfants pas sages
Alain Serres/Claude Lapointe Du commerce de la souris
Alain Serres/Anne Tonnac Le petit humain
Clara Stevens/Margot Tomes Anna, grandpa et la tempête
Emma Tennant/Charlotte Voake Le petit fantôme
Jill Tomlinson/C. Bour-Cholet La chouette qui avait peur du noir
John Yeoman/ Quentin Blake Les poules
John Yeoman/ Quentin Blake L'alligator et le chacal